AF274789

LA MUJER QUE SE VOLVIÓ PALABRA
© Pepa Luna
Diseño de portada: Dpto. de Diseño Gráfico Exlibric

Iª edición

© ExLibric, 2026.

Editado por: ExLibric
c/ Cueva de Viera, 2, Local 3
Centro Negocios CADI
29200 Antequera (Málaga)
Teléfono: 952 70 60 04
Fax: 952 84 55 03
Correo electrónico: exlibric@exlibric.com
Internet: www.exlibric.com

ISBN: 979-13-88079-82-5
Depósito Legal: MA 220-2026

Impresión: PODiPrint
Impreso en Andalucía – España

Nota de la editorial: ExLibric pertenece a Innovación y Cualificación S. L.

PEPA LUNA

LA MUJER QUE SE VOLVIÓ PALABRA

ExLibric

ANTEQUERA 2026

Prólogo

Pepa Luna, su nombre sabe a verso. Pero ¿a qué sabe su poesía? Sus poemas destilan sensibilidad, derraman retórica, hieren con el filo de su arte comprometido y empujan al abismo más profundo.

En defensa de la mujer, grita su dolor llorando tinta por aquellas que vieron sus días brutalmente interrumpidos a manos de hombres.

Sensible como la piel, concede espacio su lírica al renacimiento del amor casi olvidado, sembrando de notas sensuales algunas de sus estrofas encendidas. Canta su desencanto a lo que, queriendo parecer, no fuera y, en lugar de amor, prisión sí era.

Detiene su pluma, meditabunda, para subir a la noria de la vida, observando su circularidad, la renovación de los ciclos y, con cada vuelta, se eleva la esperanza amorosa.

Sus recuerdos acarician, regresan a lo por tiempo dormido, otrora vivido, en lento rebobinado de años atrás quedados.

En el asalto vital del cansancio, para, respira, se entrega a la reflexión, desde una monotonía que señala el camino interior, en busca de la paz ansiada en medio de la confusión. Ahíta de desasosiego, abominada de tanto culto a las apariencias con olvido de la esencia. Solo quiere sentirse rescatada por las horas a la escritura consagrada.

De efímero, libertad y muerte se va tiñendo su pensamiento; enfocada en los contrastes de la vida: causa y efecto, agua y calor, colores... Todo ello nutre su deseo de papel trazado con las curvas de las letras, tejidas en palabras para urdimbre de versos y poemas.

No se olvida, Pepa Luna, de versificar algunos días: el del amor, en febrero por consumo, o en marzo el de la poesía.

Su métrica, tan pronto se incendia en montes como se ahoga en danas que arrastran vidas, destruyen puentes y muerden casas.

Convoca el inmenso pesar la necesidad de silencio y soledad, bien tratados, con vocablos de beldad; remanso previo a la rabia y la tristeza estimulada a golpe de gracia. Pero siempre nos lo sirve con música, reinante en todo su recitar.

Una obra heterogénea, ambiciosa, aspirante a envolver con ella la totalidad de la existencia como cúpula de frágil cristal, con delicadeza unas veces, con áspera contundencia las más.

Algunos versos sueltos:

«No es que quiera perderme en la desesperanza,
es que espero no desesperarme cuando me pierda».

«La nada vestida de fiesta».

«El fantasma de sábana negra».

«Las palabras se toman el día libre».

ANATE RIVERA
Profesora que fuera de francés
y escritora siempre.

VIDAS DE MUJER

NO, MIL VECES NO

A las mujeres que viven este infierno

Al yugo que me tiene atada a la prisión
de lo que fue tu amor.
A tus brazos, antes protectores y ahora opresores.
A los besos de miel, que se tornaron amarga hiel.
A tus poderosas manos, que acariciaron mis cabellos, y
hoy los agarras para arrastrarme.

NO, MIL VECES NO.

A los apasionados «te quiero» de antaño,
que resuenan ahora como el látigo sobre una fiera.
A las palabras que golpean lo más profundo
de mi feminidad:
«Eres una zorra,
no vales una puta mierda».

NO, MIL VECES NO.

A la profanación de mis entrañas,
sujetando mi cuello
y esparciendo un montón de sucias monedas
por mi cuerpo.
A dejarme desnuda, para mofarte y reírte después.
A una humillación tras otra,

cuando llamas a tu amante en mi presencia.
A las palizas que das a mis hijos,
para mi tortura.

NO, MIL VECES NO.

A tus continuas agresiones: guantazos, puñetazos,
insultos, patadas, empujones, cabezazos en la pared...
A ese cuchillo que atravesó mi vientre,
del que salió a borbotones el amor que un día
pude sentir por ti.
Al tiro de gracia que encendió la luz de tu odio
y apagó la luz de mis días.
Arrancaste de un tajo mi vida,
pero ya no tengo miedo.
No más tormento de tu presencia asesina.
Si he de morir,
moriré con el último suspiro de dignidad,
pero será en libertad.

Y FUE MADRE

Dedicado a una madre
muerta a manos de su hijo

Días de lluvia y muerte.
Flores que engullen el tallo que las sostiene.
Menores imbuidos en el traje de la inocencia,
que matan por tener lo que les mataría a ellos,
bucean por la arteria maternal que el acero desangró.
Hijos de nadie,
abandonados en el bosque de los desamparados.
Madres que se pierden
a la búsqueda desesperada de amor compartido.
Amor sintético con apariencia real,
instalado en la insaciable adolescencia,
tirano y chantajista,
abducido por la realidad virtual
y eternamente efímera.
Ritos impuestos,
excusas para abandonarse a su particular existencia.
Niños de la nieve,
de corazón escarchado,
cortante como la cuchilla que sesgó la yugular
de quien los alimentaba.

MOMENTOS ÍNTIMOS

BAJAS PASIONES

Las hojas del recuerdo más preciado se cayeron
y, secas,
yacen en el asfalto de mi memoria.
El agua de la escarcha que recorre las horas,
cada vez más cortas,
se va río abajo, ávida de primavera.
La música otoñal envuelve
y abriga el corazón de los amores que no fueron,
de los besos aún esperados,
de las caricias imaginadas,
que erizan la piel en la más íntima oscuridad.
Despierta el deseo anestesiado,
provocando el desnudo de las bajas pasiones,
que nunca estuvieron tan altas.
La calidez del color y el sabor del otoño,
que avivan la sensualidad.

Deliciosa tentación

Recorriendo las curvas sinuosas de tu cuerpo,
me detengo ante los blancos montes nevados.
Despacio, acercándome a una delicada joya,
poso mi dedo en la cima de uno de ellos.
Se alza al menor roce,
sonrosado y apetitoso,
me mira complacido,
ofreciéndose en todo su esplendor.
Mi dedo lo toca de nuevo,
hago círculos a su alrededor,
lo pellizco.
Crece y crece, aún más,
salivo de gusto ante la osada protuberancia.
Su color se vuelve rojizo,
y mi boca se aproxima.
Es irresistible,
y la tentación, inevitable.
Juego con él,
la humedad de mi lengua le confiere un brillo especial.
El deseo acrecienta mi voraz apetito
y me empuja a engullirlo.
Aprisiono con mis labios el pequeño manjar,
que embadurno con el licor del bombón
que estaba degustando.
¡Hummm! ¡Delicioso bocado!
Succiono como un bebé hambriento
que, satisfecho, se duerme con él en la boca.

BESO SOÑADO

El beso soñado y nunca dado,
pero sí vivido.
Nunca un sueño fue tan real y tan perfecto.
Al abrigo de la noche cerrada,
los amantes ocasionales, recostados,
se miran de frente.
Las miradas traspasan los muros
que se levantan ante ellos.
El silencio se hace cómplice,
protagonista absoluto en ese escenario irreal,
pero auténtico.
Dos rostros que se acercan,
la lentitud acrecienta el deseo.
Sin normas ni prejuicios que se interpongan,
la entrega es mutua y conciliadora con el universo.
Dos bocas ansiosas se funden en simbiosis perfecta.
Los labios juegan entre ellos,
saboreando el uno del otro
los jugos del maná inagotable.
La sensualidad de los cuerpos paralizados,
cimbreados por corrientes alternas,
enfocados en un beso interminable,
exquisito al paladar.
El anhelo apasionado de permanecer fundido
con el otro hasta el día del juicio final,
en el paraíso, edén natural del amor hecho carne,

del erotismo fluido que comparten
dos lenguas hambrientas.
Por este beso, la eternidad.

Deseo dormido

El deseo,
años dormido,
despertó abruptamente,
me descolocó.
Hallazgo dichoso, inesperado y zozobrante.
Años pidiendo su vuelta,
y aparece sin avisar.
La vida recorre mis sentidos de nuevo.
La humedad se instala en la entrepierna,
hasta ayer, cerrada a cal y canto,
pero cala, huele y sabe a juventud.
El anhelo se diluye,
y la pasión se disemina por la piel.
La boca busca otra boca con desesperación.
Las manos temblorosas rozan la piel del otro,
que se estremece también.
La sensualidad se apodera de mis sueños,
que vuelven a ser húmedos.
El erotismo se queda a dormir a los pies de la cama,
a la espera de un hueco entre dos cuerpos entrelazados.
Curiosidad y temor
batallando con la desinhibición,
la espontaneidad,
el pudor intacto de la adolescencia,
y el dejarse llevar por la mirada del otro,
que posa sus ojos en un cuerpo,

usado y gastado,
pero deseoso de seguir reviviendo sensaciones,
que, aunque adormecidas,
se reconocen nada más abrir los ojos.

¿QUÉ ES EL AMOR?

Un gesto desdibujado

El amor:
una palabra,
una acción,
una sonrisa nítida,
un gesto desdibujado.
Igual se ve,
que se esconde detrás de ti.
Se oye en el bullicio
y ensordece en el silencio.
Rasga la piel
y taladra el alma.
Cubre de hiel una despedida,
y de miel la coraza más oxidada.
Amar:
verbo que conjuga con todo y con nada,
que cobra sentido y valor en el presente,
desvaneciéndose en el pasado
y congelándose en el futuro
para darse de bruces con el charco.

AHORA…

Ahora que la tarde se evapora,
y la noche se dispersa por mi universo mental.
Ahora que los sueños quedaron en el tintero
y se desvanecen las huellas del camino.
Ahora que mis recientes recuerdos
hacen de bisagra de los ya olvidados.
Ahora que miro hacia adelante
con paso firme y osada insistencia.
Ahora que el tiempo deja de ser efímero,
para no ser nada.
Ahora que los años se convierten en pieles ajadas,
y las ilusiones se pasean desnudas por el puente.
Ahora que quisiera amar,
como aprendí a amarme a mí misma.
Ahora que el campo de batalla se queda en la superficie
y las armas enterradas.
Ahora…

LA SOMBRA DE LA ILUSIÓN

Una parada en el camino de vuelta,
en el olvido oportuno y momentáneo,
en la veloz huida hacia lo desaparecido.
No es que quiera perderme en la desesperanza,
es que espero no desesperarme
cuando me haya perdido.
Que me acompañe la fuerza de mi soledad,
que vaga desnuda en el invierno de mis recuerdos.
Que venga también la sombra de la ilusión,
que me pareció verla pasar por mi puerta.
Que entre el amor o el sucedáneo,
el original se fue al espacio a fundirse
con la estrella más lejana
y nos dejó,
desde entonces,
a merced del verdugo.
«No es amor»,
me dicen.
No lo es,
no tenemos más que lo que imaginamos:
la forma más falsa,
descolorida y asalvajada
que se adhiere a nuestra piel cual pegajosa miel.

Recuerdos enrejados

Amanezco con el día,
atrapada entre coches y conductores somnolientos,
que dejan en el pedal automático su marcha
a no se sabe dónde.
Resuena en mis oídos «El viajero a larga distancia»
de The Moody Blues,
de aquel glorioso comienzo de los ochenta,
y de mis osados veintiuno,
cuando el amor se desparramaba
en una pequeña jaula dorada
y mi cantar era el de un canario
feliz en su encierro.
Mi corazón,
preso entonces,
campa ahora por los vericuetos de la libertad,
anhelando ser apresado de nuevo entre barrotes,
consciente de que guarda el mejor de los tesoros:
el amor acumulado y no expresado
que sale intacto a la calle,
a la búsqueda de otro corazón
que vague solitario por la senda de la libertad
y de la prisión voluntaria.

El corazón

El corazón,
disciplinado en la paz
y anárquico en el caos de la guerra.
Poliédrico y amorfo,
frío y caliente,
dulce y amargo,
doliente y gozoso,
ganador y perdedor.
No está ni a las duras ni a las maduras.
Hábil como un artesano,
se maneja como nadie para estar en ambas aceras
y posicionarse en posturas enfrentadas.
No se le conoce su neutralidad,
porque, de darse esta circunstancia,
podría asegurarse que ya dejó de latir.
Oprime hasta desesperar
y acaricia hasta el éxtasis.

MIENTRAS TE OLVIDO

Tengo anestesiado el pensamiento,
y sigue doliendo.
Tu ausencia invade mi cama y mi alma.
Quisiera ser el aire que respiras
para navegar por tu cuerpo.
Ansío liberar el nudo en el estómago
que aprieta y desplaza mi corazón.
Busca salida por la boca,
y las palabras lo ahogan y arrinconan.
Me castiga el dolor y el vacío de no tenerte
buceando en mi intimidad.
Te echo de menos:
tu mirada complaciente,
tus manos hábiles que acariciaban mis sentidos.
El silencio de tu olvido llena mi mañana,
y tu voz, ya inexistente,
ensordece mis noches.
Tu imagen revolotea a capricho por mi mente,
a veces sonríe,
a veces martillea tu recuerdo.
Me atemoriza perder lo que aún siento por ti
y, al mismo tiempo,
rezo para que pronto me libere de este tormento.
Así sea.

AMOR, AYER Y HOY

Aupada al amorfo y rocoso callo,
tallado con cincel y martillo,
compuesto de las partículas pétreas
desprendidas del corazón y de la sangre
brotada tras cada golpe mal dado,
diviso la silueta del amor,
otrora amalgama nebulosa y gris,
hoy, figura bien dibujada, resplandeciente y colorista.
Desde este montículo,
con ojos que otean a la esperanza,
sin rencor,
con el corazón libre de la pesada carga
soportada durante años,
ahora, se atisba un bello panorama.
Ya el corazón no sangra,
el agua roja de vida fluye acompasada
por las arterias de la serenidad y el regocijo,
frente al amor,
sin miedo,
con manos sanadoras y raudas
a entrelazarse con otras que sostengan
y no aprieten.
Los labios se entreabren acogedores,
anhelando compartir de nuevo el sabor del deseo
y el olor de la compañía.
Los ojos miran con pupilas infantiles y luminosas

al ser que llega cargado de susurros y palabras mudas,
para habitar ese mundo nuevo y silencioso,
creado en un terreno fértil de vida vivida,
pero viva.

ABRAZADA AL PRESENTE

EL TIOVIVO

El tiovivo continúa dando vueltas,
inagotable es el combustible que lo mueve.
Lo alimentan los paseantes y quienes los observan.
En este carrusel, el caballo, a horcajadas,
veo la vida pasar la tarde del domingo.
El aire me oxigena en cada giro
y acrecienta mi ansia,
tal vez impostada,
de seguir viviendo.
Disfruto la libertad abarcando
la cintura del equino;
me hace sentir segura,
dominando mis pasiones
y vigilando a quienes me llevan.
En la calle del Infierno,
el placer acompasa el ritmo de las calesitas rotatorias.
La vida sin prisa pero sin pausa,
y sin contratiempo,
se da cita entre caballitos y carrozas.
La montaña rusa y la noria no son para mí,
ni estar arriba o abajo,
tampoco vivir con sobresaltos.
Como todo lleva a ninguna parte,
mejor dar vueltas, entonces, sobre sí misma.

SESENTA Y CUATRO AÑOS

Sesenta y cuatro años contemplando la vida,
a veces quieta,
pero siempre expectante y asombrada.
Una noria que no deja de dar vueltas,
aun saliéndose de los carriles circulares
que la obligan a subir y bajar.
Con descarrilamientos
que dieron de bruces con ella,
invitándome a saborear el asfalto del miedo
y de la libertad.
Carriles anárquicos,
sin vías,
me enseñaron a desplegar las alas
para no caerme
y aterrizar indemne en las caídas traumáticas.
La rutina del sube y baja,
que no estuvo exenta de emoción
y entretenimiento.
Enfrentar el vértigo de la bajada
con el nerviosismo en la subida
me impulsó a tejer una cuerda sólida y rígida
que permitió mantener el equilibrio,
y hasta disfrutarlo.

DESDE MI BALCÓN

Como cada día,
muy temprano,
Morfeo me deja a buen recaudo,
a la espera del nacimiento de un nuevo amanecer.
Despido a la diosa celeste,
que, complacida, se retira de escena,
renovando mi anhelo con su aura.
La niña con la que crecí
se asoma al balcón cada mañana
y, cual regalo de Reyes,
espera impaciente su fulgurante estreno,
impulsándola a experimentar
la milagrosa posibilidad de seguir viviendo.
Mis años salen al encuentro de la vida
para adorar al rey más luminoso,
que se pavonea por la alfombra de agua,
tornándose dorada a su paso.
Su salida triunfal,
cegadora y apabullante,
revitaliza y nutre los tiempos pasados,
ejerciendo de vigoroso adictivo para los presentes.
Emerge poderoso entre palmeras,
que respetuosamente lo saludan,
y ante un asfalto que, aún dormido,
le rinde pleitesía.
El manto celestial de impresionistas colores,

palio que arropa al rey de la luz,
me lanza un guiño cómplice,
llevándose el dolor y la soledad,
que se esconden detrás de mí.
Abducida,
desde este palco privilegiado,
cesto floreado y oloroso,
inhalo el sosiego que cobija mi alma,
el entusiasmo que embadurna mi piel,
la ilusión que reestrena mi mirada.

MANOS ABRAZADAS

Manos de bienvenida nacen
y saludan al mundo,
curiosas y hacendosas,
amasando la vida.
Manos acariciadoras
que modelan la arcilla del amor,
pintando sueños y melodías de colores.
Manos portadoras de placer.
Manos que abren puertas gestando vida.
Manos extendidas que rezan.
Manos que ofrecen y sostienen,
que acarician las vidas emergentes de un libro.
Manos que escriben derecho
en renglones directos al corazón.

ALGUNOS RECUERDOS

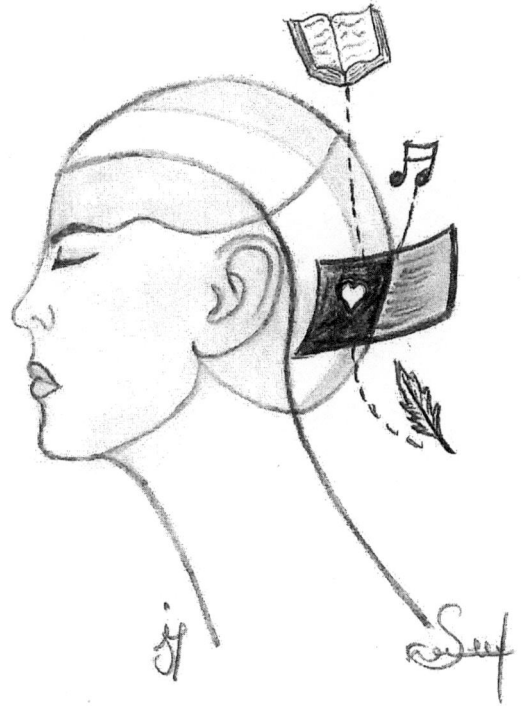

SENSACIONES DORMIDAS

Amanece con olor a mar,
con sensaciones dormidas que se desperezan,
que cogen fuerza en cada inhalación verde y azul.
Camino recto que enfila la rutina,
a veces gris, a veces ocre,
pero siempre bendecida por el arco iris.
Ver, oír,
tocar el aire fresco,
correr tras él,
atraparlo y condensarlo en la memoria,
cada vez más perezosa,
que asienta sin miedo
y osadamente
las bases para seguir respirando.
Luz y sonidos ya olvidados,
que me sorprenden
volviendo súbitamente al día de hoy,
al perfume adolescente.
La balada italiana que me hizo temblar,
el primer baile,
el primer amago de beso…
instantes mágicos del recuerdo.

Aquellos años setenta

El calor que recorre mis recuerdos,
al hilo de los amarillentos setenta,
es música que golpea mis oídos y ablanda mi corazón.
Nostalgia dosificada por capítulos
que trae a mi escritorio sensaciones adolescentes
y enamoradas de mi tiempo.
Lágrimas esquivas y contenidas
cuando la libertad sin ira me traspasa el tuétano,
y se deslizan por los cincuenta años,
que se fueron sin hacer ruido.
Tal vez el soldadito y su compañía
fijaron su morada en mi memoria.
Todo por nada entregué,
sin condiciones,
cuando aquel se llevó algo de mí.
Tantos «te quiero» que cogieron el velero
llamado «libertad»,
para diluirse en las aguas mansas
de las que nadie me libró.

REFLEXIONANDO

OTRO DOMINGO MÁS

Otro domingo más de silencios olvidados
y de gritos presentes.
Un claxon que vocifera,
y un jilguero que enmudece.
Una página recién estrenada,
y multitud de palabras que se toman el día libre.
La música que da color a mi desidia,
y el mensaje inoportuno del móvil.
El deseo de asomarme al campo,
y la rosa disecada de ayer.
La lagartija mirando al sol,
y la hormiga viendo venir su final.
Instantes de ordenar pensamientos,
de clasificar sensaciones
y de volver a la eterna realidad.

Pensamiento fugado

El desconcierto inoportuno
que recorre nuestra rutina
ejerció de invitado impertinente.
El sudor inesperado humedeció
y dejó entrever lo más oculto
de mis avergonzadas posturas.
La ira blindada apareció en forma de amenaza,
desestabilizando mis formas públicas.
La huida hacia adentro era la única salida,
y la más honrosa.
Volvió la paz a mis mejillas sonrosadas,
y el sosiego taponó el agujero
que dejó escapar la bilis purulenta.
Apareció Morfeo desplegando
el edredón de la tranquilidad,
meciéndome al son de un arrullo lorquiano,
dejó dormir mi invisibilidad.

MAREMÁGNUM INCONSCIENTE

Día de paz en el hogar,
y de guerra en el olvido.

Memoria con sabor a sangre seca,
a óxido sentimental,
a páginas grisáceas del recuerdo más vivo.

Manos que sostienen
la arcilla porosa de nuestra realidad,
abriendo puertas de colores a la incertidumbre
y al portón de las dolencias del alma.

Maremágnum mental incontrolado:
palabras ausentes,
esperanza recién cortada,
frigidez de la juventud,
tedio en la madurez,
escaleras con un peldaño menos…

Sosiego anhelado,
azar cogido con alfileres,
tras naufragar en aguas uterinas seis décadas después,
que convierte la gélida noche en una plácida sinfonía.

Somnolencia meditabunda

Extrañeza en la rutina que no acompaña
a la conducta disciplinada de cada día.
Letargo acostumbrado y desidia inoportuna,
que impide la fluidez mental y cognitiva.
Resaca de una noche duermevela,
con fantasmas de sábanas negras y alpaca recia.
Pasos inciertos y torpes,
que conducen a la monotonía no acostumbrada.
Decisiones incontrolables,
que encadenan eslabones de abstractos pensamientos.
Somnolencia meditabunda que abarca
un poco de conciencia
y un mucho de inconsciencia.

UN VECINO INOPORTUNO

El desasosiego,
vecino consentido e inoportuno,
vino a visitarme.
Toma hospedaje por su cuenta,
buscando acomodo en la mejor sala de mi mente.
Agrieta una brecha abismal
entre la quietud y el bienestar;
el vértigo desdibuja la masa de follaje y árboles,
al otear la profundidad de la hendidura.
¿Quién me manda pasear por el borde
y asomarme con tanta osadía?
Ni los zapatos son los adecuados,
ni las piedras del asfalto tampoco.
Pero el olor y la frescura son adictivos,
y si hay que caer
y dejarse vencer,
la cena está servida.

CONTINENTE Y CONTENIDO

Intriga la autenticidad del arte,
del amor,
de la pasión,
de la vida y de la muerte.
El dorado barniz que da lustre a lo auténtico,
fagocitado con brillo y fulgor,
impide ver la profunda realidad.
¿Quién paga el contenido desnudo?
Solo el continente interesa,
que se hace añicos con mirarlo.
La nada vestida de fiesta,
el todo viajando en una calabaza con ruedas.
La magnitud de lo aparente
y el escondite de lo sentido,
frustrando su asomo al renacer auténtico.
¿Qué hay de verdad en lo verdadero,
y de mentira en nuestro parecer?
Andar por un puente iluminado
no garantiza que haya agua,
donde solo hay óxido y ciénaga.

MI SERENGUETI MENTAL

Del pacífico día que esperamos,
se presenta el oscuro y terrible desatino,
el ser vivo que se escapa de una jaula mal cerrada.
No quisiera ser un animal en libertad,
la comida escasea,
únicamente las migajas del azar humano
lo mantienen en pie.
Solo los gorilas no amaestrados pueden superar
las barreras que ellos mismos se imponen.
Déjame ir a la selva
y pasear por la frondosidad enredada,
como ahora, que el diccionario mental
se encontraba cerrado y no me permitió encontrar
la palabra salvaje e indómita.
Corro, vuelo y salto procurando salir
del Serengueti de mi mente,
que a eso quedó reducida mi selva,
en la que todos los animales soy yo,
tanto los que están libres
como los que están encerrados.
Tal vez algún día ya no haya selvas ni desiertos,
y tal vez habitemos todos,
suspendidos en el espacio de nuestra propia energía
y nuestra real existencia.

ECHANDO EL TELÓN

Asomada desde el palco del teatro de su vida,
atónita ante el silencio reinante
y la ausencia de murmullo en el patio de butacas,
observa la oscuridad del desaparecido escenario,
que aún se percibe desdibujado en la penumbra.
Dos almas ajenas al cálido aplauso,
que antaño reinaban entre bastidores,
descansan y se estiran ensimismadas,
ocupando el espacio donde ayer
hubo carcajadas y lágrimas.
Nunca la soledad estuvo tan acompañada
como cuando se acompaña de sí misma.
La imagen que devuelve el espejo roto,
esparcidos sus fragmentos por la sala,
es la de un personaje decrépito,
en sus horas más bajas,
incapaz de echar el telón,
consciente de la desaparición de su personaje.

EL VÉRTIGO DE LA LENTITUD

Momentos de sosiego,
de acudir a mi cita con el cuaderno,
la medicina necesaria desde antaño,
la hora en la que el silencio lo ocupa todo.
Pasó la semana tan deprisa como las demás.
El tiempo camina en dirección contraria,
igual que la tecnología informática,
que lo hace a la velocidad de la luz.
Mientras,
la lentitud es moneda de cambio permanente,
que no permite comprar ni lo uno ni lo otro.
Solo el contrapeso,
las motivaciones para seguir adelante
con el viento en contra,
lo ponen:
la ilusión,
la esperanza,
el entusiasmo despilfarrado
en materias no susceptibles de medida.

EL FINAL DE TANTOS VIAJES

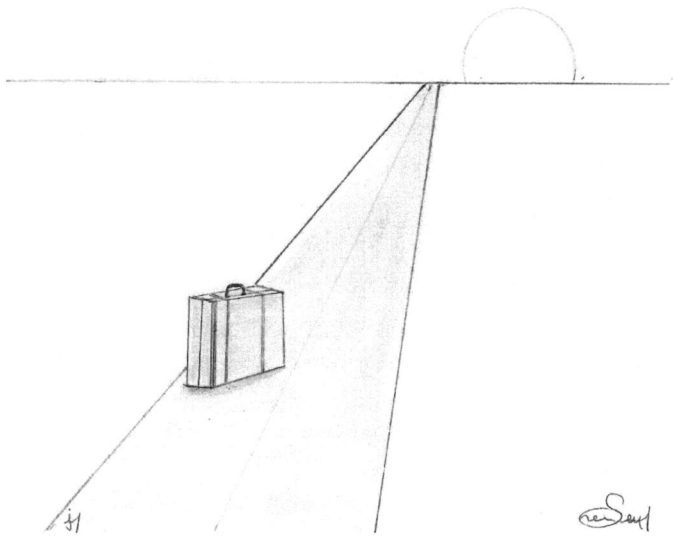

VIDA YA USADA

Toda una vida pasó desde aquellas nupcias,
que propiciaron la gestación de una nueva,
la de esta servidora:
inconformista, peleona,
vehemente, apasionada, terca,
pero sensible y noble,
en el alma y en las formas.
Vida que asomó a la ventana de la curiosidad,
sorprendida cada día del paisaje
que pasa por delante de ella:
unas veces verde y florido;
otras, amarillento, árido y seco.
Casi siempre, blanco como la nieve
y oscuro como un día de tormenta.
Vida que se esconde para no mostrar sus miedos,
que sobreviven ocultos y blindados
en un arcón de hierro.
Aunque el dolor y la incertidumbre
agujereen sus paredes,
temblorosa, termina asomando,
invadiendo el aire que respira
hasta hacerlo insoportable.
Vida que, aunque ya usada,
hoy aflora en campo abierto, sin rejas,
puertas y arcones que la escondan,
a fundirse con amapolas y tallos de trigo verde,
a respirar el polen y dejarse germinar con sabia nueva
para llegar intacta de ilusiones al final.

ÚLTIMO VIAJE

Mañana oscura en los pasillos donde la vida
se va despidiendo.
Celadores que avanzan con la camilla metalizada,
fría como el cuerpo inerte que transportan.
Hablando entre ellos, bromeando,
ignorando al que ya sale con los pies por delante.
Impresiona ver una… momia
impecablemente liada en sábanas blancas,
que aprietan las esperanzas ya desvanecidas,
y los sueños a medio alcanzar.
Los dolores que desaparecieron
buscando otro transmisor;
el amor hallado y perdido,
los besos dados y los que se quedó sin dar,
las palabras envenenadas sin opción a arrepentirse,
los susurros de deseo a la luz de la chimenea,
el vino compartido y los abrazos eternos.
Todo lo deja, nada se lleva.
¿De quién se trataría?
¿De un hombre, una mujer o, tal vez, un niño?
¿Sería testigo de su último viaje?
¿Podría leer mis pensamientos?
Su enjuta figura deja ver gran parte del metal
de la camilla que lo transporta,
y no es la primera que veo atravesar
las puertas del mortuorio.

Todas me producen extrañas sensaciones,
agolpándose en milésimas de segundos:
el miedo, la incertidumbre, la compasión,
el recuerdo de los míos cuando se marcharon,
la austera soledad percibida
y el dolor compartido con los que se quedan.

El final de los finales

Se acaba el día,
la tarde que no existió y la noche inesperada.
Tiempos fugaces,
sensaciones que se desvanecen
y se instalan en una nube.
El final de un poema que invita a releerlo,
alzando el vuelo con la voz desnuda.
El de la función que no tuvo principio,
de una película ensangrentada,
El final de un partido de tenis que juega uno solo,
y el de una jubilación anticipada.
El del recorrido para alcanzar la fe que no llega,
el de una oración inconclusa.
El final de una amistad suspendida con alfileres,
del beso de pasión eternamente anhelado,
el de la única cita.
El final de un amor que no fue,
el de una vida asomada al más gélido invierno.
El que no acaba,
el del dolor que no cesa.
El final solitario que se pasea orgulloso entre la multitud,
el de los que se fueron y aún permanecen aquí.
El del bolígrafo que lloró ríos de tinta,
y el final de una palabra que lo deja abierto.

CONTRASTES DE VIDA

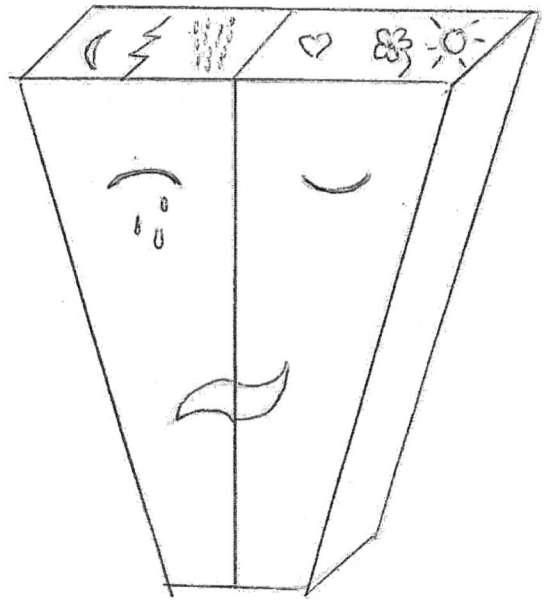

DE AQUELLOS BARROS

De aquellos barros,
estos lodos;
de estos lodos,
aquellos lamentos;
de esos lloros;
los estúpidos posicionamientos,
y de estas posiciones,
aquellas alternativas.
De aquellas variantes,
las inquisidoras decisiones;
de estas tomaduras de pelo,
la ocasión que pintaban calva;
de estos cuatro pelos,
los mechones de cabello de ángel;
de aquellos santos,
estos demonios de alquiler.
De estos figurantes,
los que no salían como tal;
de tal palo,
aquellas puertas cerradas.
De aquellos portones,
los túneles de masiva afluencia;
de estas muchedumbres,
aquellos abortos selectivos;
de estos no nacidos,
el flagelo sangrante y continuado;

de aquella sangre vertida,
estos que la dieron por nada,
y de la nada, estos barros.

PÁGINA SIGUIENTE

Las ganas de escupir las palabras
o vomitar los pensamientos
me obligan a enfrentar el folio,
no en blanco,
sino ensuciado,
con el sentir correcto y adecuado.
Quiero y no puedo.
La mano tiembla cuando encuentra
la palabra justa y necesaria,
la que embauca,
la que obliga a esconderla en la página siguiente.
¿Por qué me resigno a no enfrentarme
a mis propios deseos,
silenciosos, oscuros y anhelados?
Tal vez espere al domingo,
como los estrenos antiguos,
cuaderno nuevo con páginas marcadas
que brotan sudor y lágrimas antiguas.
¡Qué delirio me invade la consciencia!
Aun así, lo prefiero
al helado rictus del presente,
indicativo de que se hizo pasado
nada más nombrarlo.

FUEGO DE AGOSTO

Calor, sudor, mareo,
sensaciones de verano que seducen
y, sin embargo, provocan rechazo.
Temperaturas imposibles,
palabras derretidas que desaparecen
y se escurren por las neuronas,
ya desvanecidas.
El modo siesta permanente,
escalando iceberg,
para huir del fuego en el cuerpo,
cual antorcha incandescente que no deja de arder.
Día de sopor y mal humor,
de correr a cámara lenta,
de tirar de un plomo pesado,
pegajoso y húmedo,
que solo desea ser un delfín con aspecto de sirena,
para codearse con Neptuno en las frías
y benditas aguas oscuras.
A la espera de la noche
para dormitar cual oso haragán,
o mantener la guardia
en la cara más visible de la luna.
Agosto, angosto y agorero,
ojalá te pudiera eliminar con un clic de ratón.

AGUA

Avanza lentamente,
sin pausa,
recorriendo el paisaje ya pasado por agua.
Lluvia intermitente resbalando,
cual lágrima furtiva,
por el pantanoso lodo de nuestra existencia.
Ruido atronador que deslumbra el horizonte,
luz que ilumina y aclara la cercanía de respirar,
y oscurece aquella que no queremos ver.
Agua bendita,
agua apreciada que no cala en lo más hondo
y, aun así, va a parar al oscuro océano,
a fundirse con la vida inquietante
que emerge en el interior de cada uno.
Agua que va y agua que deja de venir,
sensación vacía,
lo mismo trae la vida
que se la lleva.
Todo pasa,
y nada queda.

COLORES

Colores desesperados,
que se abren en el valle de lo oscuro,
colorean lo invisible
y emborronan lo tangible.
El verde, que alumbra la vida
y la desparrama por los azules sueños.
El blanco inapetente,
que salta por las púrpuras rocas de la amargura.
El azul, que no está,
ni se le espera la mañana del domingo.
El rojo, escondido bajo unas sábanas de pasión.
El amarillo monacal de la envidia camuflada.
El morado despertar del universo femenino,
emparentado con la curia y el incienso.
El marrón de los excluidos del paraíso,
del plato vacío
y del colchón de asfalto.
El rosa que acaricia las espaldas del amor
y se clava como daga en las entrañas.
Las lágrimas en blanco y negro
que emborronan las mejillas sonrojadas.
El negro achicharrado por el sol,
que oscurece el sudor
de los que mantienen las manos blancas.

ALGUNOS DÍAS DEL AÑO

DÍA DE REYES

Día de Reyes,
de color y rutilantes joyas,
de plebeyos entusiastas
ante el regalo adeudado en el tiempo.
Día de niños con bicicletas,
pedaleando a destinos inciertos,
y de niños, con las manos abiertas,
esperando que les caiga un poco de pan
y un poco de paz.
Día de padres que pintan su ilusión con purpurina,
y de padres que no conocen otro color
que el de la guerra y el hambre.
Día de países opulentos que invierten en pistolas,
rifles y tanques de juguete,
y de pueblos masacrados por armas de fuego real.
Día de anónimas y buenas personas
que sostienen con manos invisibles
a los desdichados del mundo,
y de conocidos y tiranos individuos
que potencian la vulnerabilidad
y la miseria de las buenas gentes.
Día de vanos deseos,
de grandes y utópicos anhelos.

14 DE FEBRERO

Víspera de enamorados,
sueños con olor a champán y a fresas jugosas.
Amores de colores dibujados en un lienzo irreal,
verdadero en lo imaginario.
Gozo del ensueño acorralado
en una ilusión interminable,
cogida con alfileres.
Amartelados, enajenados,
adosados a su propio cuerpo.
Besos que llevan la etiqueta de El Corte Inglés,
flores que esconden lágrimas,
solapando con su fresco aroma
el hedor del abandono.
Príncipes azules que degeneran
en ridículos pitufos gruñones,
y princesas encorsetadas,
ceñidas a un zapato de cristal
que se hace añicos.

DÍA DE LA POESÍA

Veintiuno de marzo,
luz y esperanza,
primavera y poesía se saludan,
se abrazan,
comprometidas ambas,
llevando a cabo la creación más hermosa de vida.
Día privilegiado para crear con las palabras,
para entresacarlas del inconsciente;
la voz del poeta que ordena y lanza al viento.
La cuna que mece los versos sueltos
y apacigua la tristeza.
La exquisita dama que conjuga sonetos
preñados de sentimientos y emociones.
Poesía,
la magia que llega a los corazones
atravesando las paredes del alma.

Santa, Semana Santa

Santa, Semana Santa,
como la sábana manchada de la sangre cristiana,
como la que se vertió en Moscú,
concierto sangriento por una diana siempre errónea.
Ideología asesina que se impone con metralla.
Santa, Semana Santa,
como el hambre de los niños que mueren de inanición,
evitando así el futuro pensamiento libre.
Semana eterna,
donde el poder se cobija para alimentarse
y resucitar más tarde.
Santa, de los mártires,
por causa siempre ajena a ellos.
Santa, Semana Santa,
del incienso que diluye el olor a sangre,
que no cesa de brotar por nuestra herida milenaria.
Otra semana que nos inclina a la destrucción,
y a la elevación sobre lo destruido.
Semana de silencios y lágrimas
al paso en procesión de nuestro penitente andar,
desgastada huella obligada y gozosa
que se funde y confunde con el sufrimiento ajeno.
Santa, ¿Semana Santa?

COTILLÓN

El hielo que abrasa
y el fuego que hiela.
El amor destructor
y la ira que amansa.
La dulzura que amarga
y la amargura templada.
La vida asesina
y la muerte que resucita.
El inicio inconcluso
y el final del principio.
El bullicio que aísla
y la soledad compañera.
La risa que apena
y el llanto de la alegría.
El deseo adormecido
y el sueño de la euforia.
El todo de la nada
y la nada más absoluta.
La desazón del 25
y la esperanza del 26.
¡Feliz Año Nuevo!

POR ELLOS

INCENDIO EN VALENCIA

A la familia que falleció,
presa de las llamas, en este incendio.

Fuego apagado con fuego.
Carreras desesperadas por escaleras que desaparecen
ante el horror hecho carne.
Humo nebuloso que acecha nuestra débil existencia.
Mangueras insuficientes,
que se queman en las manos que las sostienen.
La curiosidad morbosa asomada a la ventana,
y el miedo que se lanza por el balcón.
El amor de una familia fundida en un solo cuerpo
para saltar al Olimpo del sueño eterno.
Responsables inexistentes,
invisibles y desalmados,
parapetados tras la cobardía ignífuga.

Cañas y barro

A las víctimas de la Dana de Valencia

El impacto visual y emocional
del dantesco paisaje marrón
emborrona la conciencia
y paraliza la buena voluntad.
Vidas arrasadas y arrastradas río abajo
van a parar al mar de la muerte y la ignominia.
Ola gigante que envuelve miles de sueños
a bordo de un automóvil,
con destino a la destrucción y a la desesperación.
Agua y lodo que convierten en cartón piedra
armaduras de hormigón y cancelas de hierro.
Tsunami que desplaza a familias enteras,
borrando su sonrisa
y pintando el terror en su árbol genealógico.
El bien y el mal combatiendo en un campo de batalla
donde todos salen perdiendo.
Miles de manos generosas y caritativas
contribuyen a limpiar el lodo,
que se multiplica con solo tocarlo.
Ayuda urgente que no llega.
Batallones humanos con las manos atadas,
ansiosos e impotentes,
ante la negativa de acudir,
viendo la muerte pasar por su lado.

La eficacia desaparecida con las cañas
camino del mar del olvido.
Nombres y apellidos que desaparecieron del DNI,
para adherirse a una lápida.

La confianza no viaja en tren

Dedicado a las víctimas
de los accidentes de Adamuz y Gelida

Vidas en vía muerta,
cargadas de impotencia y desesperación.
El miedo, compañero de asiento,
ocupa todo el ancho y largo de la vía.
Vidas atropelladas en vías agonizantes.
La confianza ya no viaja en tren,
transita en vagones de ganado,
junto a la desidia.
Vías muertas fundidas
con vidas recién estrenadas,
sangre viva esparcida por raíles oxidados.
Trenes con obligado peaje
que invitan a jugar a la ruleta rusa
durante la travesía, cuyo tiro de gracia
viene de un pistolero ajeno al juego.
Restos de vidas inconclusas
atrapadas entre amasijos de hierro.
Muertes baldías de amores que no vuelven,
de adioses no pronunciados,
de ilusiones abortadas,
de proyectos perdidos en la oscuridad.
Negligencia de unos responsables,
permanentemente ausentes,

cuya culpa delegan siempre a terceros.
Sistema perverso que permite la impunidad,
al abrigo de la noche cerrada
y de la más oscura transparencia.
Dolor infinito y rabia contenida
por la justicia inexistente.
Tren del terror es su nombre,
e institucional, su apellido.

TAN NECESARIOS

COMO RESPIRAR

SOLEDAD APETECIDA

Descanso tranquilo,
silencio bendito.
Olor a café y sabor a gloria.
Recogimiento al albor de mi compañía,
soledad gustosa y apetecida,
de profunda plenitud y aceptación.
Realidad que no duele,
a pesar de la queja corporal permanente.
Aprendiendo a convivir con la sombra del dolor
que nos persigue,
que solo duerme en contadas ocasiones
y no avisa cuando vuelve.
La hoja en blanco y el bolígrafo negro,
mi remedio,
el inyectable que la formatea y colorea,
mostrando el relieve de la serenidad
que disfruto mientras tanto.
Una llamada oportuna y cómplice
que perfecciona la voz del silencio.

PALABRAS

Me reconcilié con ellas.
Las palabras me acompañaron desde entonces.
Jugar con ellas en el interior del alma fue gozoso.
Danzaban conmigo al son de la más dulce serenata
y la más alegre sinfonía.
Palabras todas,
juntas y separadas,
formando un bello mosaico de colores
en el lienzo de mi mente.
Palabras que susurran sueños,
que enamoran hasta enganchar.
Palabras que gritan libres
y vuelan a mi alrededor,
besando mis labios
y acariciando mis oídos,
ávidos de versos embriagadores.

El silencio

La joya más preciada del alma,
la que da sentido al vacío.
La que llena la nada de contenido
y la adorna de melodías imaginadas.
La que pone color a los grises
y desfigurados pensamientos.
El descanso que adormece al rebaño mental
y amansa al pastor.
El sosiego que lanza al aire
las notas mudas de la música
y los paréntesis de las cartas de amor,
escritas a uno mismo.
Bendito,
allá en los prados verdes,
y dichoso,
en los picos blancos.
Necesario en la estruendosa sociedad
que atosiga y ensordece.
Vital manjar para el espíritu solitario,
alimentado a través de las arterias del alma.

DE RABIA Y RISEZA

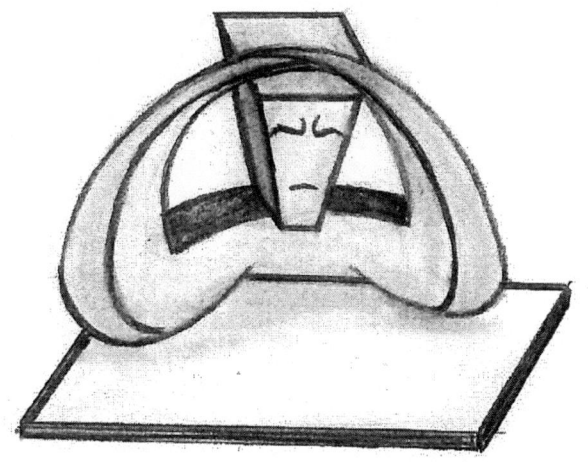

Una señora venida a menos

Imbuida en el soporífero verano,
me desplazo entre archivos adjuntos
y mordidas politiqueras,
para arrojar el vómito verdoso que quiebra
el sentido común y la honradez.
La indignación y la impotencia,
reducidas a un granito de arena
que, al pisarlo, se pierde y desaparece.
El respeto debido paseado
por la pasarela de la inmundicia,
desnudo,
mostrando su debilidad a los abrigados,
cuya ropa deben depositar
en la urna funeraria de los votos.
La democracia,
una señora venida a menos,
la puta peor pagada,
prostituida por los chulos de la política
que guillotinan a todo el que la menciona.
Rabia esparcida más allá del muro,
allá donde se respetan las reglas.
Prepotencia y tiranía que gobiernan el terreno
donde escasea la hierba,
alimentando a un ganado
que se acostumbra a comer cada vez menos.
Dictadura en ciernes que impone

sus solapadas condiciones,
marcándonos con el marchamo de la rosa mustia
y un bozal invisible
que, al hablar,
con nuestras propias palabras,
nos ahoga lentamente.

CUANDO DUERME EL REBAÑO

Minutos de un martes laborable,
de alivio rutinario y mental,
de desahogo momentáneo.
Instante de cerrar los ojos para ver pastar a las ovejas,
al pastor cómo espolea a la negra,
y a los lobos reclamando territorio y comida.
Martes cálido en lo social
y árido en lo político.
Diccionario vaciado del vocabulario
que engloba la decencia.
Indignación dosificada,
disimulada ante la desvergüenza y el descaro.
Hedor que llega a través de las tuberías del poder
hasta la conciencia dormida de este país,
que un día fue de pandereta,
y ahora es de traca inacabable.
Respiro laboral
y asfixia en la calle.

AL GENIAL MÚSICO

MOZART

A mi admirado compositor

Réquiem de Mozart que invade la sala
y mi torrente sanguíneo.
Velas y cirios del siglo dieciocho
que alumbran de nuevo el presente.
La obra en construcción
que regresa a la realidad de golpe,
desintegrando las notas
y las voces de los coros celestiales.
Mozart, que estás con los comunes
en la sombría fosa de los que te recordamos,
ora por nosotros,
los que nos alimentamos con tus extravagancias.
Ora por nosotros,
por tu grandiosa obra.
Ora por nosotros,
por tu originalidad y frescura.
Ora por nosotros,
por tu sublime genialidad.
Lo que me hace creer que Dios
te llevó pronto para tenerte en exclusiva.

Agradecimientos

Diez años han transcurrido ya desde mi primera publicación. Toda una aventura —a ratos divertida, a ratos inquietante— mi viaje por internet a la búsqueda de pareja. Seis años después, llegó *Gloria en el infierno*, testimonio personal sobre los estragos de la dependencia emocional. Y, en 2024, *Díptico de luna*, un poco de ficción en formato relato corto, y una avanzadilla de mi incursión en el mundo de la poesía.

Hoy estoy sumergida de lleno en este maravilloso escenario poético. En la poesía hallé la mejor forma de expresarme, de encontrar las palabras a mi convulso mundo interno lleno de contradicciones, altibajos, sueños, desasosiegos, ilusiones, desengaños, esperanza, rabia, amor, olvido…

Apenas sé nadar, pero jamás imaginé que podría llegar a bucear como una sirena por las profundidades de este mar. Como le oí decir a la poeta malagueña Inés María Guzmán, «no pude vivir de la literatura, pero no podría vivir sin ella».

Yo diría algo parecido: tampoco podré vivir de la poesía, pero estoy convencida de que ya no podría sobrevivir sin un poema que llevarme a la boca.

En esta última publicación, me gustaría presentaros a mi cuarto hijo, *La mujer que se volvió palabra*. Ha sido muy deseado, gestado y fecundado in vitro. De padre anónimo y, por qué no decirlo, ausente, pero de madre presente y muy consciente. Este viaje lo realicé con los medios de locomoción más cercanos, mis propios pies y, en ocasiones, con algún tiovivo de feria. Siempre me llevaron a alguna parte de mí misma.

Aprovecho esta página para agradecer a todos los que me habéis acompañado en este proyecto, colaborando conmigo, para darlo a conocer bien vestido y elegante. El público sensible al que va destinado no merece menos.

Gracias a Jean Marie Ferbeuf, autor de las ilustraciones temáticas, por su aportación.

Gracias a Anate Rivera, amiga, escritora y autora del prólogo por su entrega a la hora de valorar mis poemas, por su habilidad para «desmenuzarlos» y sacar de ellos hasta lo más escondido.

Gracias a María del Carmen Blanes, amiga y filóloga, por su aportación, corrección de los textos y sugerencias para mejorar los versos.

Saludos y gracias anticipadas a todas las personas que os acercáis a conocer a este «recién nacido».

Pepa Luna Casanova

Índice